AF305584

LA NOCE INTERROMPUE,

PARODIE D'ALCESTE,

EN TROIS ACTES;

Repréfentée pour la premiere fois, par les Comédiens Italiens, Ordinaires du Roi, le Jeudi 26 Janvier 1758.

NOUVELLE ÉDITION.

Le prix eft de 20 fols avec la Mufique.

A PARIS,

Chez DUCHESNE, Libraire, rue S. Jacques,
au-deffous de la Fontaine S. Benoît,
au Temple du Goût.

M. DCC. LX.
Avec Approbation & Privilége du Roi.

ACTEURS.

ALCIDAC,	M. Rochard.
MAZETTE,	Mlle. Catinon.
MODESTE,	Mde. Favart.
FADÈS,	Mr. Desbroſſes.
JASMIN;	Mr. Sticotti.
DE LA CASSE, UN COUREUR, }	Mr. de Heſſe.
LURON, NICODEME, }	Mr. Chanville.
GLOUTON,	Mr. Carlin.
LISETTE,	Mlle. Suzette.
TONTINE,	Mlle. Desglans.
GRINVOLE, *Meûnier.*	Mr. Duclos.

LA NOCE

INTERROMPUE,

PARODIE D'ALCESTE.

ACTE PREMIER.

Le Théâtre représente un endroit agréable sur le bord de la Riviere, preparé pour une Fête.

SCENE PREMIERE.

ALCIDAC, JASMIN, CHŒUR *qu'on ne voit pas.*

CHŒUR.

Air : *Eh ! zing, zing, zing, Madam' la Marié'.*

EH, zing, zing, zing, Madam' la Marié',
Cli, cla, cla ; lira, liron ; fa, fa, fa, fa, &c.

ALCIDAC.

Ah ! je n'y tiens plus, quel créve cœur !

JASMIN.

Chantons, chantons avec le Chœur.

CHŒUR.

Eh ! zing, zing , &c.

ALCIDAC.

Encore.

JASMIN.   ALCIDAC.

JASMIN.   ALCIDAC.

JASMIN.

ALCIDAC.

JASMIN.

Je ne vous conçois point : le jeune Seigneur de ce village, Monſieur Mazette, votre bon ami, épouſe Mademoiſelle Modeſte, la perle des Beautés de ce canton.

ALCIDAC.

Tu m'impatientes, en m'apprenant ce que je ſçais.

JASMIN.

Eh ! bien, apprenez-moi donc ce que je
ne sçais pas.

ALCIDAC.

Air : *Va, Manon, ne pleure pas.*

S'il faut te parler sans fard,
Je soupire pour Modeste :
Il faut que je m'éloigne, car ;
Son époux risque si je reste.

JASMIN.

Bon ! Mazette est un peu nigaud ;
Seigneur, vous partirez trop-tôt. *(bis.)*

Songez que dans toutes ces aventures
de mariage, il y a toujours quelque chose
pour le Garçon.

ALCIDAC.

Air : *Il faut suivre la Mode.*

A l'Hymen j'ai joué cent tours,
A présent je m'en fais scrupule ;
Je crains de troubler leurs amours.

JASMIN.

Cette crainte est un ridicule.

ALCIDAC.

Je suis ami de la maison.

JASMIN.

Mais, je trouve cela commode.

ALCIDAC.

Ce feroit une trahifon.

JASMIN.

Il faut fuivre la mode.

Depuis quand le Seigneur Alcidac, Capitaine de Dragons , eft-il devenu fi délicat ?

ALCIDAC.

Il eft vrai que je déments un peu mon caractere, en ne pouffant que des foupirs difcrets.

JASMIN.

Quoi ! vous partiriez fans faire danfer Madame la Mariée ?

ALCIDAC.

Air : *C'eft Mademoifelle Manon.*

Mais j'aurois, animal ,
Le chagrin , capital
De voir ouvrir le Bal ,
Par mon heureux Rival.
Verrois-je , d'un œil égal ,
Ce beau couple marital ,

De leur feu conjugal ,
A mon amour fatal ,
Me donner le regal ?
Quel rôle original !

JASMIN.

Vous ne pouvez vous difpenfer de voir la Fête que Monfieur Nicodême , cet honnête Sénéchal de Normandie , prépare pour les nouveaux Epoux ; reftez du moins jufqu'à la nuit.

ALCIDAC.

Air : *Chant de l'Opera.*

nefte.

JASMIN.

Je vous entends , & je conçois que votre imagination va vous préfenter des tableaux réjouiffants qui ne vous amuferont guères.

ALCIDAC.

Air : *Tout ci , tout ça.*

Quoi ! tandis qu'on s'embraffera ,
Tout ci , tout ça ,

Il faudra donc que je demeure !
Sans rien dire ; Alcidac verra....
    Tout ci, tout ça ,
Eh ! bien , Jasmin , à la bonne heure ;
Mais de moi , qui me répondra ?
    Il en sera ,
Ma foi , ce qu'il pourra.

JASMIN.

J'aime à vous voir prendre ce parti ;
cela me donnera le temps de dire des
douceurs à la Femme de Chambre de
Mademoiselle Modeste.

ALCIDAC.

Maroufle, ne t'avise pas de faire une
bigarrure de tes amours avec les nôtres.
Suis moi, allons au-devant de Modeste ,
pour lui donner la main à la descente du
carosse , & tâchons de nous contraindre.

Air : *Tarare , ponpon.*

Cachons ma jalousie ;
    Cette frénésie ,
N'est pas d'un grand secours ,
Pour servir les Amours :
Toujours elle importune ,
Il faut, pour notre honneur ,
Faire , contre fortune ,
    Bon cœur.

SCENE II.
JASMIN, LISETTE.

LISETTE.

ECOUTE, écoute donc, Jasmin.

JASMIN.

Tarare ! on a déjà retranché la moitié de notre Rôle, nous ferons - mieux de le supprimer tout-à-fait.

SCENE III.
NICODEME, LISETTE.

NICODEME.

Air : *Viens, ma Bergere, viens seulete.*

MA Maîtresse épouse Mazette,
O lon, lan, la, landerira ;
Je donne une Fête complette,
O lon, lan, la, landerirette,
La Mariée y dansera.

LISETTE.

Air : *De Jeannot, Jeannette.*

Je vous trouve bien guilleret,
Pour un Rival qu'on fupplante.

NICODEME.

Oh ! ver ma fé, j'en ai fujet.

LISETTE.

Mais vous perdez votre Amante.

NICODEME.

A mon Rival j'en fçais bon gré,
S'il obtient l'avantage ;
Par ce moyen j'éviterai
L'embarras du ménage.

LISETTE.

Cela n'eft pas fi mal penfer.

NICODEME.

A propos, comment ta jeune Maîtreffe
a-t-elle paffé la nuit ?

LISETTE.

Elle a toujours rêvé, parlé, fauté. Ah !
quel plaifir ! Une jeune Fiancée ne dort
pas comme une autre.

NICODEME.

Que ton récit me foulage ! J'en ai tant
de joie, que.... que j'en étouffe.

LISETTE.

A merveille, il me paroît que vous vous
réjouiffez comme les autres fe fâchent.

NICODEME.

LISETTE.

Cela n'eft pas bien sûr , Monfieur le Sénéchal.

NICODEME.

Oh ! très-sûr ; preuve de cela, c'eft que c'eft moi qui donne la Fête aux nouveaux Mariés : les voici ; allons, de la joye.

SCENE IV.

ALCIDAC, MAZETTE, MODESTE, FADÉS, NICODEME, LISETTE, *Gens de la Nôce,* BATELIERS & BATELIERES.

CHŒUR.

Air : *Chantons Lætamini.*

Vivez, Epoux heureux, (*4 fois.*)

MAZETTE ET MODESTE.

Oh ! c'eft bien notre envie.

FADÈS.

Aimez-vous bien tous deux.

MAZETTE ET MODESTE.

Pour vous, toute ma vie,
J'aurai les mêmes feux,

CHŒUR.

Vivez, Epoux heureux,   (*4 fois.*)

FADÈS.

Courage, mes Enfans, imitez-moi ; je me fouviens que le premier jour de mes Nôces ...

MODESTE.

Ah ! mon cher Beau-pere, épargnez ma modeſtie.

MAZETTE.

Allez, allez, mon Pere, ne vous inquiétez pas : Mademoiſelle Modeſte eſt une éveillée, & moi je ſuis un gaillard ; nous en dirons de bonnes. N'eſt - il pas vrai, Poulette ?

NICODEME.

Vous aurez tout le tems de lui dire des douceurs ; dépêchons-nous de commencer le Bal , en attendant une petite Fête d'eau-douce que je vais vous donner ſur un train de bois floté.

MAZETTE.

Un train de bois floté ! cela doit être plaiſant. Allons , jouez-nous le Menuet de Madame la Mariée.

MAZETTE & MODESTE *danſent le Menuet de la Mariée ; enſuite pluſieurs perſonnes de la Nôce danſent des Contredanſes & des Cotillons.*

NICODEME.

Air. *Un jour dans un plein repos.*

Raſſemblez-vous en ces lieux,
Habitans des rivieres,
Et danſez de votre mieux
Avec vos Marinieres,
En l'honneur des nouveaux Epoux.
Allons gai , trémouſſez-vous tous :
La , la , la , comme à l'Opéra ,
La , la , la , la , lere , la , la , la ,
Donnez-vous des manieres.

FADÈS.

Qui ſont ces Gens-là ?

NICODEME.

Ce ſont des Bateliers qui vont dérouil-
ler ici leurs jambes pour vous donner tan-
tôt le Divertiſſement de l'Oye.

Danſes des Bateliers avec leurs lances.

NICODEME *prend la Mariée* , MAZETTE , ALCIDAC
& FADÈS *, pour danſer un branle en chantant le*
Vaudeville ſuivant.

VAUDEVILLE.

Une

Une femme qui d'un brutal
En tapinois se venge ,
Un Jaloux suppose un Rival
Pour qu'il prenne le change :
        Eh ! zon , zon , zon ,
        C'est la façon ,
Dont à présent on s'arrange ,
        Eh ! zon , zon , zon ,
        C'est la façon ,
Pour attrapper un Oison.

Dans la disette languira
Fillette , chaste & pure ;
Mais qu'elle danse à l'Opera ,
Et sa fortune est sûre :
        Eh ! zon , zon , zon ,
        C'est la façon ,
Dont on gagne une voiture ;
        Eh ! zon , zon , zon ,
        C'est la façon ,
Pour attrapper un Oison.

Galant qui veut rendre un Jaloux
Complaisant & commode ,
Le sert , le flatte , file doux ,
A ses goûts s'accommode :
        Eh ! zon , zon , zon ,
        C'est la façon ,
Des bons amis à la mode ;
        Eh ! zon , zon , zon ,
        C'est la façon ,
Pour attrapper un Oison.

CHŒUR , Fille , &c.   *On danse*

NICODEME.

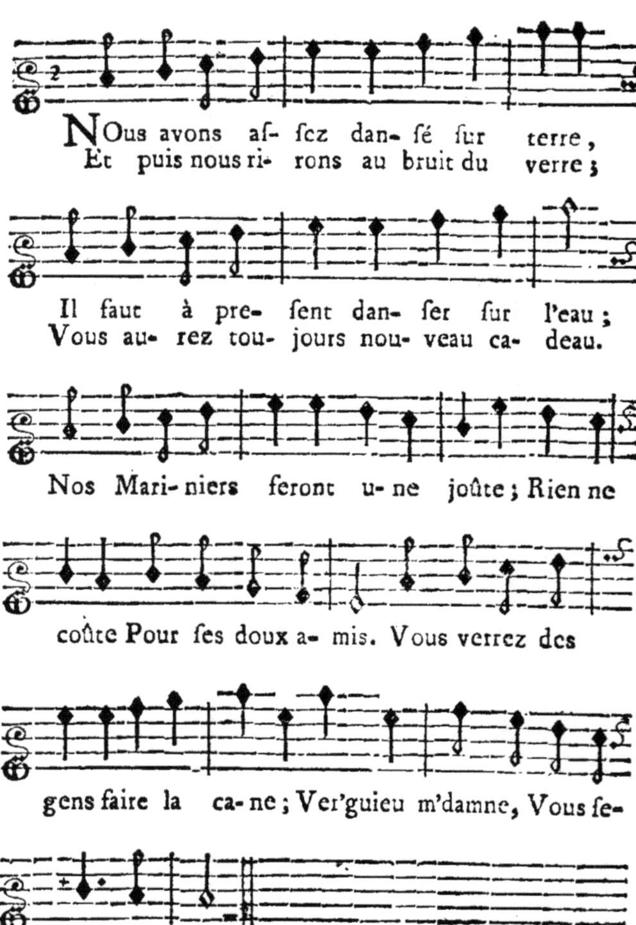
NOus avons af- fez dan- fé fur terre,
Et puis nous ri- rons au bruit du verre;
Il faut à pre- fent dan- fer fur l'eau;
Vous au- rez tou- jours nou- veau ca- deau.
Nos Mari- niers feront u- ne joûte; Rien ne
coûte Pour fes doux a- mis. Vous verrez des
gens faire la ca- ne; Ver'guieu m'damne, Vous fe-
rez fur- pris.

MODESTE.

En vérité, Monsieur Nicodême, nous sommes confus de vos procédés.

NICODEME.

Oh ! ce n'eſt rien, vous verrez bien au-tre choſe.

MAZETTE.

Et le Divertiſſement de l'Oye ? Allons, allons.

NICODEME.

Doucement, il eſt de la politeſſe que je donne la main à Madame.

MAZETTE.

Eſt-ce l'uſage de la politeſſe, mon cher Pere ?

FADÈS.

Il le faut croire.

ALCIDAC.

Oui, mais je vous conſeille de les ſui-vre de près.

NICODEME.

Air : *Il faut l'envoyer à l'école.*

Ote la planche, vîte & prompt,
Je ne régale que Madame.

MAZETTE.

Ah ! l'infâme !

FADÈS.

Peut-on nous faire cet affront ?

ALCIDAC.

Quoi ! le perfide nous la vole.

NICODEME.

Ils ont donné dans mes panneaux,
Les nigauds !
Allez tous les trois à l'école.

MAZETTE, ALCIDAC, FADÈS.

Air : *Y avance, y avance.*

Arrête , arrête.

NICODEME.

Allons , allons.
Si j'ai payé les violons ,
Il est juste que je danse.
Avance , avance , avance.
Adieu , Héros pleins de prudence.

MODESTE.

Mazette , Mazette , ce n'est pas ma faute.

MAZETTE, ALCIDAC, FADÈS.

Au voleur , au voleur , au secours.

(*Nicodême & Modeste s'en vont.*)

SCENE V.

MAZETTE, NICODEME, FADÉS.

MAZETTE.

Air : *Je ne suis pas assez beau.*

MEs Amours sont à vau l'eau ,
Oh ! oh !

FADÈS.

Le voilà loin du rivage.

ALCIDAC.

Jettons-nous dans un bateau.

MAZETTE.

Oh ! oh !
Beau début pour un ménage !

ALCIDAC.

Le maraut ,
Va bien-tôt gagner le gîte ,
Qu'on le poursuive au plus vîte.

MAZETTE.

L'atteindrons-nous assez tôt ?
Oh ! oh ! oh !
L'atteindrons-nous assez tôt ?

SCENE VI.

TONTINE, *& les Acteurs précédens.*

TONTINE.

Doucement , doucement. Où donc ç'qui vont ces haüris?Ils l'attrap'ront, s'ils courent toujours.

MAZETTE.

Qu'est-ce que c'est donc que cette Femme-là ?

TONTINE.

Air : *Zifte , zefte , zon , zon , zon.*

C'te Femm'-là , c'est Madam' Tontine ,
Blanchiffeufe de ton Rival.
En patience , prends ton mal ;
I n'faut pas qu'ça t'chagrine.

MAZETTE.

Oh ! je veux en avoir raifon.

TONTINE.

Eh ! bien , va , cours à ta ruine.
Quand il vogue fans aviron ,
Un pauvre Epoux fait le plongeon.

Tu peux partir quand tu voudras; j'ai fait ôter les rames de ces Bachots , ils font en bon état.

ALCIDAC.

Ah ! la maudite Blanchiſſeuſe !

MAZETTE.

Nous voilà dans de beaux draps.

TONTINE.

Qu'eſt-ç'qu'il a donc, Monſieu l'Marié ?
Il eſt pâle comme un lendemain de nôces.
Regardez-le donc avec ſa tête en avant ;
c'eſt que l'poids l'emporte, le pauv'cher
Homme ! s'il marchoit les pieds en l'air,
i' ne s'crott'roit pas l'toupet : il a d'quoi
l'garantir. Adieu donc, bel Epoux d'bal ;
à la hou, à la hou.

SCENE VII.

GRINVOLE, *Meûnier d'un moulin de
riviere ; & les Acteurs précédens.*

Air : *Et j'y pris bien du plaiſir.*

LAISSEZ dire c'te Commere,
Je ſuis l'maître de c'moulin.
Pourſuivez le téméraire ;
Je vous v'nons prêter la main :

Pour aller à la Victoire,
Sarvez-vous de mes Bachors ;
Je me suis toujours fait gloire
De protéger les nigauds.

SCÈNE VIII.

ALCIDAC, FADÉS, MAZETTE.

FADÈS.

AH ! l'honnête homme !

ALCIDAC.

Air : *C'est l'ouvrage d'un moment.*

Ce secours peut sauver Modeste ;
Mais profitons en promptement ;
Car ce coquin de Bas-Normand
Pourroit bien jouer de son reste ;
C'est l'ouvrage d'un moment.

Fin du premier Acte.

ACTE II.

*Le Théâtre repréfente un Château antique
avec des foffes.*

SCENE PREMIERE.

NICODEME, MODESTE.

NICODEME.   MODESTE.

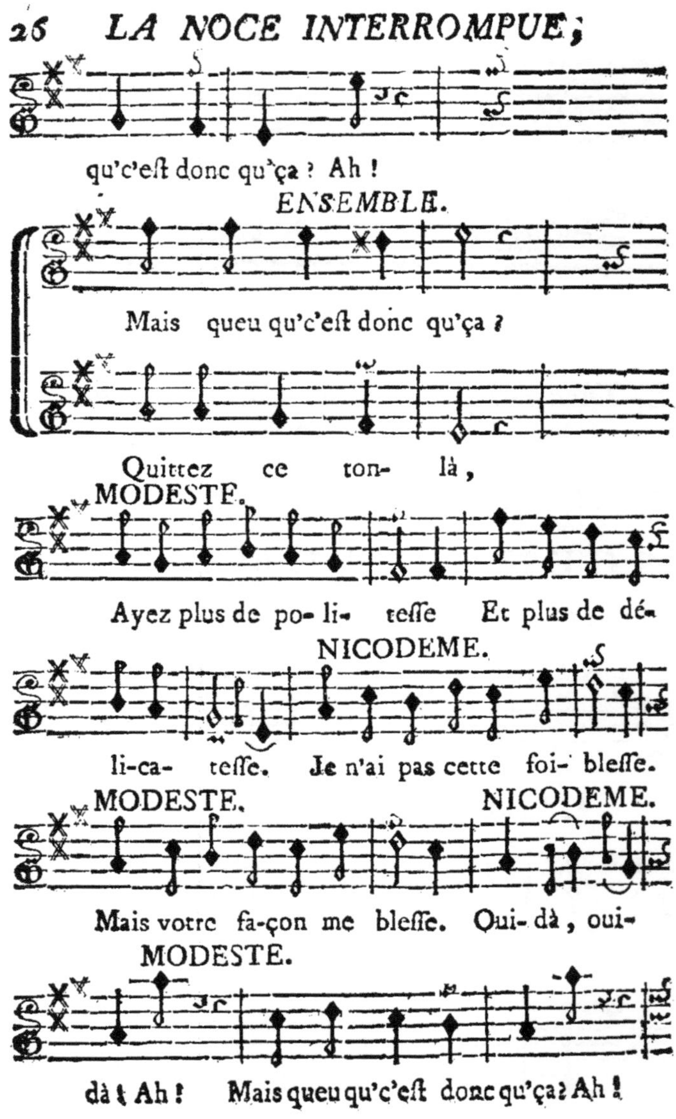

qu'c'eſt donc qu'ça ? Ah !

ENSEMBLE.

Mais   queu qu'c'eſt donc qu'ça ?

Quittez   ce   ton-   là,

MODESTE.

Ayez plus de po- li-   teſſe   Et plus de dé-

NICODEME.

li-ca-   teſſe.   Je n'ai pas cette foi- bleſſe.

MODESTE.   NICODEME.

Mais votre fa-çon me bleſſe. Oui- dà, oui-

MODESTE.

dà ? Ah !   Mais queu qu'c'eſt donc qu'ça? Ah !

ENSEMBLE.

NICODEME.

Air : *Je voudrois faire un bail avec vous.*

Vous m'avez inspiré trop d'amour,
Et je veux m'en venger en ce jour.

MODESTE.

Vous venger ?

NICODEME.

Oui, cela me courrouce.

MODESTE.

Ce sentiment ne sied pas aux grands cœurs.

NICODEME.

Oh ! d'accord ; mais la vengeance est douce,
Quand une Belle en fait tous les honneurs.

MODESTE.

voir le pas. Non, non, non, n'efpé-rez
NICODEME.
Non, non, non, n'efpé-rez

pas Me voir tom-ber aifé-ment dans vos
pas, Pouvoir for-'tir ai-fément de mes
FIN. MODESTE.

laqs. Mais Mazet-te feul a mon
FIN.
laqs.

cœur; Et le mien fait tout fon bonheur.

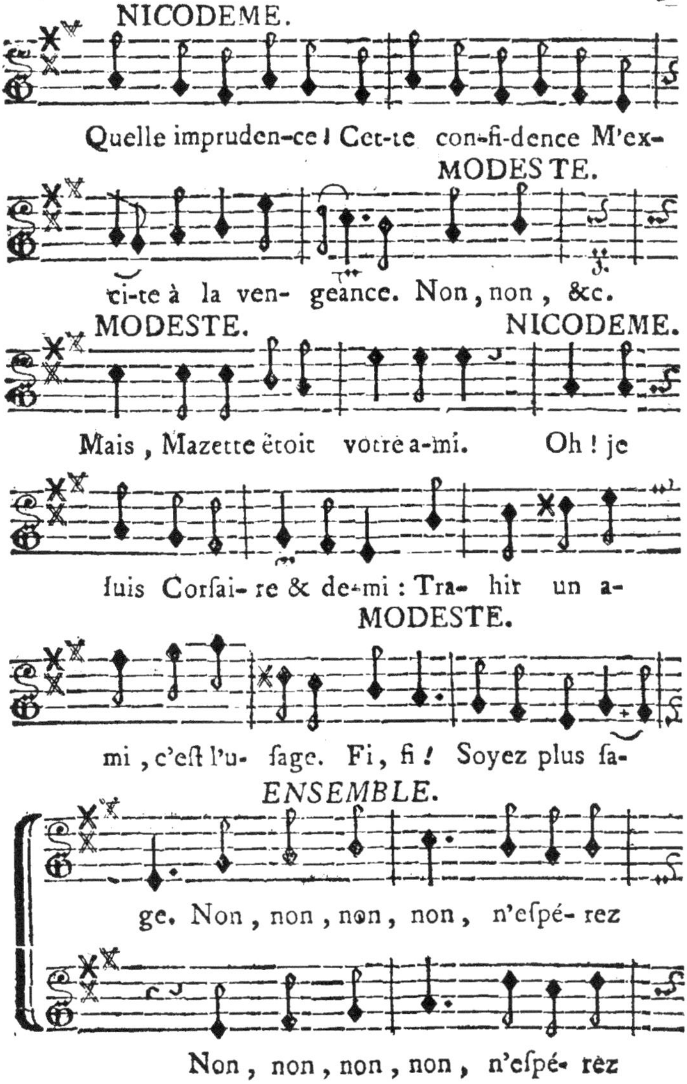

NICODEME.
Quelle impruden-ce! Cet-te con-fi-dence M'ex-
MODESTE.
ti-te à la ven- geance. Non, non, &c.
MODESTE.
NICODEME.
Mais, Mazette étoit votre a-mi. Oh! je
luis Corfai- re & de-mi : Tra- hir un a-
MODESTE.
mi, c'eft l'u- fage. Fi, fi! Soyez plus fa-
ENSEMBLE.
ge. Non, non, non, non, n'efpé- rez
Non, non, non, non, n'efpé- rez

pas, Sur mon Epoux avoir le pas; Non, non,
pas, Que je re-nonce à vos appas; Non, non,
non, n'espé-rez pas Me voir tom-ber aisé-
non, n'espé-rez pas Pou-voir sor- tir aisé-
ment dans vos   laqs.
ment de   mes laqs.

NICODEME.   MODESTE.
QUe de fa-çons! Ah finif- fons; Songez à

NIC. MOD. NIC.
respecter Mo-deste. Zeste. Mais... Le res-
pect Est trop suspect ; Ce sen-ti-ment Communé-
ment , Ment. L'Amour ar- dent Doit mar-
cher tambour battant ; Qui ne sçait point prendre sa
bisque , Risque. Dès le dé- but , Il faut
aller à son but : L'Amour lan-guit,quand il at-
tend Tant. Dois-je en un mot , Comme un

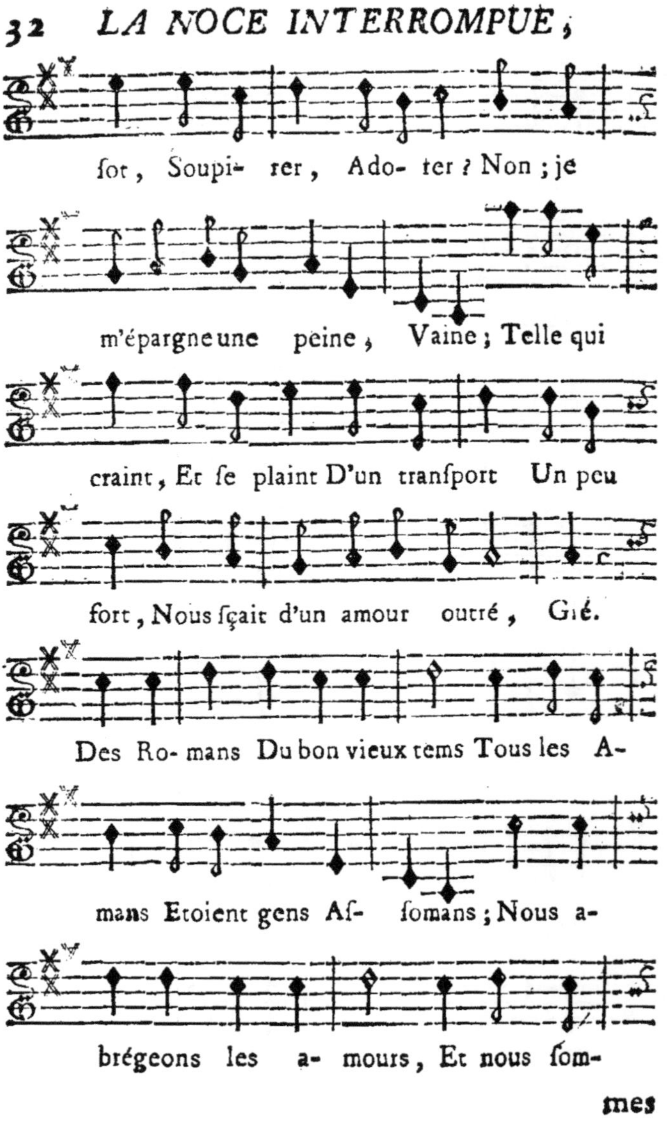
for, Soupi- rer, Ado- ter ? Non ; je
m'épargne une peine, Vaine ; Telle qui
craint, Et se plaint D'un transport Un peu
fort, Nous sçait d'un amour outré, Gié.
Des Ro- mans Du bon vieux tems Tous les A-
mans Etoient gens Af- fomans ; Nous a-
brégeons les a- mours, Et nous fom-

mes

Marchons, marchons.

MODESTE.

Perfide , ta méchanceté ne fera pas im-
punie ; voici fort à propos Mazette &
Alcidac avec fes Dragons.

NICODEME.

Je ne m'en embaraffe guères ; c'eft moi
qui fais la Milice du pays , & j'ai tous ces
apprentifs Soldats à mes ordres , ainfi que
la Maréchauffée ; fuivez-moi.

(*Il entre dans le Château avec MODESTE.*)

C

SCENE II.

ALCIDAC, MAZETTE, SOLDATS.

MARCHE.

ALCIDAC.

SCENE III.

NICODEME, MODESTE, ALCIDAC, SOLDATS, ASSIÉGEANS & ASSIÉGÉS.

NICODEME, *ſur les murs du Château.*

C ij

ALCIDAC.

Marche.

MAZETTE.

Attendez, employons premierement les voyes de la douceur.

(*A Nicodeme.*)

Air : *Si, lorsque j'ai connu Lisette.*

Coquin, tu m'as ravi ma Femme,
Mon honneur en est offensé ;
Mais j'oublierai tout le passé,
Si tu la rends.

NICODEME.

Vraiment ! tredame !

MAZETTE.
Sans y regarder de si près,
A ce prix-là, je fais la paix.

NICODEME.

Air : *Vous irez aux Feuillantines.*
Vous l'aurez à votre tour,
Quelque jour.
MAZETTE.
Quel revers pour mon amour !
ALCIDAC, *à Nicodeme.*
Nous allons punir ton crime.
MAZETTE.
Et moi j'en (*bis.*) suis la victime.

ALCIDAC.

Air : *Où Ninette est-elle ?* Ariette de Ninette à
la Cour.

Oh ! c'est trop d'audace ;
Attaquons la place.
Morbleu ! point de grace.
Qu'on fasse main-basse.
Donnons sans tarder.
NICODEME.
Je ne vous crains mie ;
Pour ma douce Amie,
Je perdrois la vie ;
Si je l'ai ravie,
C'est pour la garder.
MAZETTE.
Vengeons cet outrage.

ALCIDAC.

Forçons ce Maraut.
NICODEME.
Je brave ta rage ,
Il y fera chaud.
Tôt, tôt , tôt, tôt ;
Courage :
Vîte, à l'affaut , à l'affaut, à l'affaut.

CHŒUR DES ASSIÉGEANS.

Tôt , tôt , tôt , tôt , tôt ; courage :
Vîte à l'affaut , à l'affaut , à l'affaut.

Ensemble. ### CHŒUR DES ASSIÉGÉS.

Tôt , tôt , tôt , tôt , tôt ;
Défendons-nous , traitons-les comme
il faut.

(*On affiége le Château.*)

ALCIDAC.

Air : *Ces Forbans d'Angleterre.*
La fureur me tranfporte ;
Forçons, caffons ,
Brifons
Cette porte.
Qu'on me prête main-forte.
Amis ;
Le Fort eft pris.

CHŒUR.
Il eft pris. (*3 fois.*)

SCENE IV.
FADÉS.

Même Air.

AMIS, je suis à vous.
Tout va sentir mes coups.
Je viens à la bataille
Percer,
Pousser
D'estoc & de taille ;
Je veux sur la muraille,
Forcer les ennemis.

CHŒUR.

Il est pris. (*3 fois.*)

FADÉS.

Comment ! je viens quand la besogne
est faite ?
Air : *Vous qui cherchez des gens joyeux.*

J'arrive tout exprés , je croi ,
Pour me faire moquer de moi :
Quoi qu'il en soit , en pareil cas ,
Ma peine n'est pas vaine.
Sans moi l'on ne rempliroit pas
Le vuide de la scène.

SCENE V.

ALCIDAC, MODESTE, FADÉS.

ALCIDAC, *à Fadès.*

Air : *C'eſt un Enfant.*

Rendez Madame à ce qu'elle aime ;
Raſſemblez ces deux Amans.

FADÈS.

Seigneur, rendez-la lui vous-même.

MODESTE, *à Alcidac.*

Recevez nos complimens.
Par ſon ſtratagême,
Sans vous, Nicodeme,
Me traiteroit ſans menagemens :
Il étoit temps, il étoit temps.

ALCIDAC ET FADÈS.

ENSEMBLE.

Il étoit temps, il étoit temps.

FADÈS.

Air : *Il n'a pas pû.*

Mais, franchement,
Ce Bas-Normand....
De crainte, je ſoupire :
Malgré les droits de ton Epoux,
Ce fripon-là....

MODESTE.

Raſſurez-vous :
Il a voulu,
Il n'a pas eu
Le temps de me rien dire.

ALCIDAC.

Je suis charmé de vous avoir rendu
service si à propos ; je pars.

MODESTE.

Oh ! vous resterez, s'il vous plaît.

ALCIDAC, *à Modeste.*

MODESTE.

Nous ne fommes point la dupe de cette
gafconnade.

FADÈS.

Non, parlez franchement.

ALCIDAC.

Eh !bien, foit.

Air : *Comme larrons en Foire.*

Gardez-vous bien de m'arrêter,
Vous êtes trop charmante.
Eh ! que gagnerois-je à refter ?
L'Hymen vous rend contente.

MODESTE.

En fait d'Hymen, quelque douceur
Qu'une femme reffente,
Ne fçavez-vous pas bien, Monfieur,
Qu'un bon Ami l'augmente ?

ALCIDAC.

Air : *Quand on fe rend aux préfens d'importance.*

A l'amitié comment refter fidele ?
Ah ! le devoir bien-tôt chancelle,
Quand on voit un Objet charmant :
Je l'éprouve en ce doux moment,
Et la contrainte eft bien cruelle ;
Sans le vouloir, près d'une Belle, } *bis.*
Un ami devient Amant.

SCENE VI.

FADÉS, MODESTE, MAZETTE.

MODESTE.

PUisqu'il part, il faut du moins songer à chercher mon Mari.

(*On apporte Mazette mourant.*)

Air : *Bouchez, Nayades.*
O Dieux ! quel spectacle funeste !

MAZETTE.

Je n'en puis plus, chere Modeste.

MODESTE.

'Ah ! mon pauvre Ami ! qui est-ce qui vous a traité de la sorte ?

MAZETTE.

C'est ce coquin de Nicodeme, qui a pris son temps pour me donner un coup de gaule sur la tête.

MODESTE.

Air : *Ah ! vraiment, je m'apperçois bien.*
Maudit soit le scélérat,
Qui me cause ce dommage !
Mazette est en bon état,
Pour le jour d'un Mariage.
Je croyois d'un si doux lien,
Tirer un grand avantage ;
Mais, hélas ! je m'apperçois bien,
Qu'il ne faut compter sur rien.

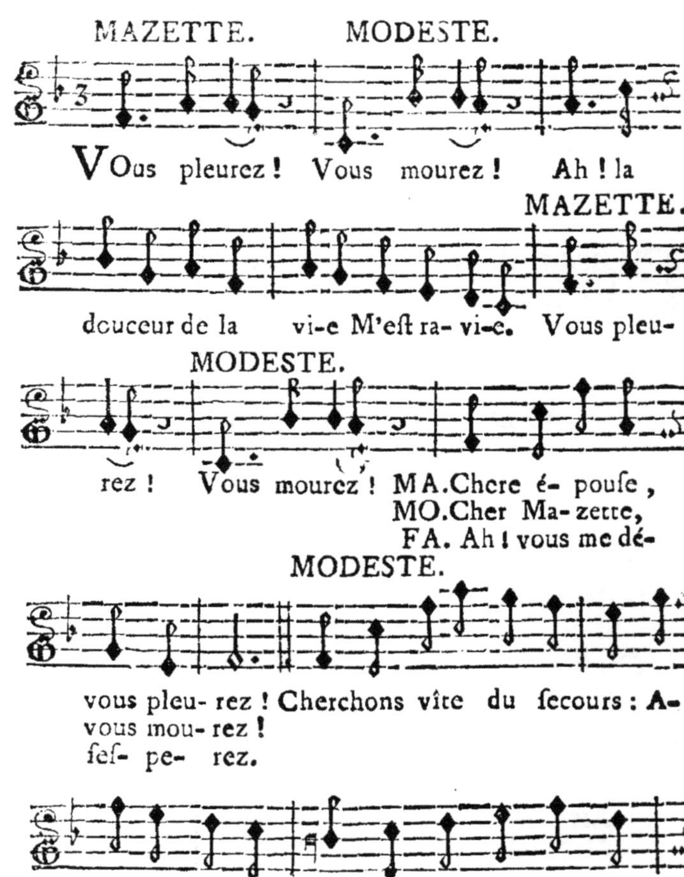

courts ; Ou ſur cette chaiſe ,   Un peu plus à

FADÈS.

Il ne s'agit point de tout cela ; un Chirurgien, un Chirurgien.

SCENE VII.

M. DE LA CASSE, & *les Acteurs précédens.*

M. DE LA CASSE.

J'ARRIVE à point nommé ; conſtatons l'état du patient. Vous avez le crâne fêlé, mon pauvre Seigneur....

MAZETTE.

Oh ! c'eſt de naiſſance.

M. DE LA CASSE.

Conſolez-vous, vous ne languirez pas long-temps ; vous n'avez qu'un inſtant à vivre.

MODESTE.

Ah ! Ciel ! il en mourra !

M. DE LA CASSE.

Aſſurément : mais cela ne ſera rien ; nous le rendrons à la vie avec une goutte de la Médecine univerſelle du Docteur Glouton.

MODESTE.

Air : *La moitié du chemin.*

Où trouve-t'on ce fameux ſpécifique ?

FADÈS.

Oh ! quel eſt donc
Ce grand Docteur Glouton ?

M. DE LA CASSE.

C'eſt un Phiſophe hermétique , caba-
liſtique , balſamique , ſudorifique , empi-
rique & magique , qui habite une iſle ſo-
litaire , pour y décompoſer les rayons du
ſoleil dans un laboratoire ſouterrain.

MAZETTE.

Fin de l'air ci-deſſus.

Cherchons , cherchons ce fameux , ce fameux Médecin ;
On ne peut trop payer ce remede divin.

M. DE LA CASSE.

J'en ſuis le Dépoſitaire ; mais comme il
n'en reſte plus qu'une goutte , il ne m'eſt
permis de la donner qu'à une condition.

MODESTE.

Quelle eſt-elle ?

M. DE LA CASSE.

C'eſt de procurer à notre Philoſophe les moyens de rencuveller ſon reméde.

FADES.

Comment cela ?

M. DE LA CASSE.

Il faut que le ſouffle pur d'un ami véritable, ou d'une Femme fidelle, entretienne jour & nuit le feu de ſes creuſets ; c'eſt à vous à lui trouver l'un ou l'autre.

MODESTE.

Un ami véritable ?

FADÉS.

Une Femme fidelle ?

MAZETTE.

Ah ! je ſuis mort ; que l'on m'emporte. (*On l'emporte.*)

MODESTE.

Ce que vous exigez ne ſe trouvera pas facilement.

M. DE LA CASSE.

C'eſt pour cela que la Pierre Philoſophale eſt ſi rare.   FADÉS.

FADÈS.
Voilà une demande bien ridicule.

M. DE LA CASSE.
Pas plus que la propofition de l'Opéra.

MODESTE.

Et faut-il refter long-tems dans le laboratoire de Glouton ?

M. DE LA CASSE.
Pefte ! le grand œuvre ne fe fait pas fi
promptement ; on doit s'attendre à n'en
fortir jamais.

MODESTE.
Jamais !

M. DE LA CASSE.

Jamais ; arrangez-vous là - deffus : j'ai
dit, je me retire.

SCENE VIII.

MODESTE, FADÉS, LISETTE.

LISETTE.

Hélas ! je perds un bon Maître.
FADÈS.
Hélas ! je perds un fils qui m'eft bien cher.

D

MODESTE.

HE-las ! je perds bien plus que vous,
En perdant ce que j'ai- me. Te voilà mort,
mon cher é- poux ; Je t'aimois plus que moi-mê-
me. Hélas ! du bonheur le plus doux Je n'ai
vû que l'Au- rore, Je n'ai vû que l'Au-
ro- re, Que l'Au-rore. Helas ! je perds bien
plus que vous ; Je reste fille enco- re.

Seigneur Fadès, un Pere est un ami véritable ; vous allez faire un généreux effort
pour votre fils.

Air : *Le bonheur de ma vie.*
C'est à vous de le secourir.

FADÉS.

Pour lui l'on me verroit mourir,
Si je pouvois encor offrir
Des jours dignes d'envie.

MODESTE.

Quel raisonnement ! moins les jours
sont dignes d'envie, moins on a de regret
à les sacrifier. Et vous, ma chere Lisette ?

LISETTE.

Et moi, Madame, je m'excuse par la
raison contraire.

Fin de l'air ci-dessus.
Je suis jeune, & je veux jouir
Du plaisir de la vie.

MODESTE.

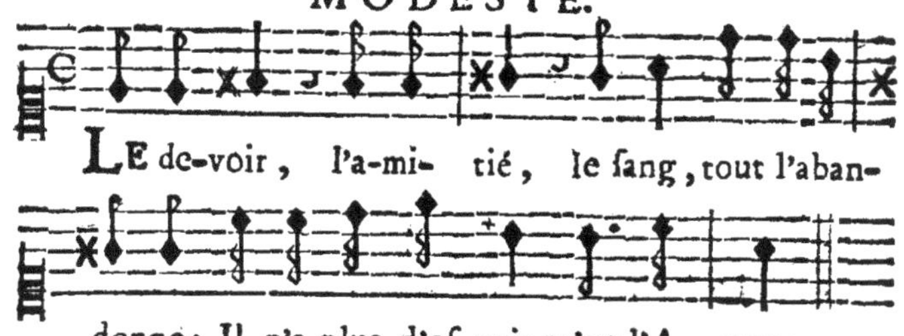

(*Elle sort.*)

FADÉS.

Il est de la bienséance que je fasse une
visite à mon fils avant qu'il prenne congé
de la compagnie.   D ij

SCENE IX.

FADÉS, ALCIDAC.

CHŒUR, *qu'on ne voit pas.*

Air : *Il eſt mort.*

IL eſt mort, il eſt mort ;
Mazette a fini ſon ſort.
Il eſt mort, il eſt mort.

FADÈS.

Il me paroît que voilà ma viſite faite.

CHŒUR.

Il eſt mort, &c.

FADÉS.

Ah ! mon pauvre fils !

On entend une ſimphonie gaie.

CHŒUR.

Air : *Oh ! oh ! Tourelouribo.*

Mazette rit, chante & danſe,
Oh ! oh ! tourelouribo.

FADÉS.

Je ſens renaître l'eſpérance.

CHŒUR.

Oh ! oh ! tourelouribo.

FADÉS.

Pour nous quelle heureuſe chance !

SCENE X.

MAZETTE, ALCIDAC, FADÉS.

MAZETTE, *en difant.*

OH ! oh ! tourelouribo.

Enfin, on a trouvé un modele de fidélité ; j'ai bû la phiole de baume univerfel, & zefte, me voilà tout d'un coup prêt à danfer.

FADÈS.

Mon Fils, n'en refteroit-il pas une petite goutte pour ton Pere ?

MAZETTE.

Tôt, tôt, que l'on annonce à ma Femme cette nouvelle intéreffante , & que l'on fçache quelle eft la perfonne charitable qui s'eft livrée pour moi.

FADÉS.

Je vais m'en inftruire.

MAZETTE.

Allez, allez, mon cher Pere, il faut célébrer la mémoire d'une Femme fi rare.

SCENE XI.

MAZETTE, CHŒUR.

CHŒUR.

Air : *O, Pierre, ô Pierre.*

Modeste, Modeste,
Pour jamais on vous perd.
MAZETTE.
Quel présage funeste !
Dieux, quel triste concert !
CHŒUR.
Hélas ! pauvre Modeste !
MAZETTE.
Quel malheur m'est offert !
CHŒUR.
Modeste, Modeste,
Pour jamais on vous perd.

SCENE XII.

MAZETTE, ALCIDAC.

ALCIDAC.

Parbleu ! mon ami, tout prêt à monter à cheval, je viens d'apprendre une jolie chose : ta Femme t'abandonne pour aller passer ses jours avec un Chercheur de Pierre Philosophale ; elle vient de partir.

MAZETTE.

Eſt - il poſſible ! ah ! je ne m'attendois
pas à cette preuve d'amitié-là.

Air : *J'ai perdu mon âne.*
J'ai perdu ma Femme;
C'eſt pour me prouver ſa flâme
Qu'elle a fait ce tour.

ALCIDAC.

La pauvre Petite,
Par amour te quitte.

MAZETTE.

Et c'eſt ſans retour.

Elle m'a ſauvé la vie par ſa fidélité.

ALCIDAC.

Il y a bien des Femmes qui font tout le
contraire pour faire vivre leurs Maris.

MAZETTE.

Mon cher ami, me voilà veuf.

ALCIDAC.

Tant mieux ; je crois que c'eſt ici le
moment de te déclarer que je ſuis amoureux de ta Femme.

MAZETTE.

Eh ! bien , voilà une nouvelle qui ne
laiſſe pas que d'être conſolante.

ALCIDAC.

Air : *Ça n'ſe fait pas.*
Mon cher, il faut ſans tarder,
Me la céder ;
Sois favorable à ma flâme.

MAZETTE.

C'eſt me prier d'être un ſot ;
Car , en un mot,
C'eſt ma femme.

ALCIDAC.

Que d'Epoux moins délicats !

MAZETTE.

Oh ! ça n'convient pas ,
Ça n'ſe fait pas.

ALCIDAC.

Air : *Paiſibles bois , jardins délicieux.*

Qu'eſperes-tu ? Renonce à ton amour ;
Pour jamais tu la perds, c'eſt à moi d'y prétendre ;
Et je veux moi ſeul , en ce jour ,
Forcer Glouton à me la rendre.

MAZETTE.

Eh ! bien , faites comme vous l'enten-
drez , voilà qui eſt fini : je vous la céde ;
elle m'eſt ſoufflée trop ſouvent pour que je
ne faſſe pas ce marché-là avec vous ; d'ail-
leurs , ſi je voulois la garder , vous n'y per-
driez peut-être rien.

ALCIDAC.

J'ai ta parole. Adieu.

MAZETTE.

Air : *J'ai fait l'amour, c'eſt pour un autre.*

Partez, partez , vaillant Dragon ,
Enlevez ma Femme à Glouton
Ah ! puiſſe-t-elle être la vôtre !
J'ai fait l'amour c'eſt pour un autre.

Fin du ſecond Acte.

ACTE III.

Le Théâtre représente un Paysage avec une Riviere, & dans le fond une Isle.

SCENE PREMIERE.

LURON, *dans son Bateau.*

Air : *Lan, farira, dondaine, bon !*

SAns jamais m'lasser
Dessous ces coudrettes,
Je m'plais à passer
Ces jeunes Fillettes,
    Gué,
Lan farira, lirette,
    Bon,
Farlarira, don, don.

SECOND COUPLET.

Toujours il me vient
De bonnes aubaines,

Et je me fais bien
Payer de mes peines,
Gué,
Farlarira, dondaine,
Bon;
Farlarira, don, don.

Eh! v'là l'Passeux, v'là l'Passeux.

Air : *Danses-tu, Colin ?*

Qui veut passer l'eau ?
J'ai là mon Bateau,
Je mene à la maison,
Du Docteur Glouton;
Dans son noir
Manoir,
Chacun vient pour le voir,
Et pour consulter son sçavoir.

Mais d'avance
L'ordonnance
En argent
Comptant
Se vend :
Inutiles;
Mais habiles,
Nos Docteurs souvent
En font autant.

J'ai là mon Bateau,
Qui veut passer l'eau, &c.

Quiconque veut paffer,
Ici doit financer,
    Je reçois
    Tous les droits
    Du péage :
    Cet ufage
    Eft fort fage.
La mode , après tout ,
Peut changer de goût.

J'ai là mon Bateau , &c.

Air : *Pour le peu de bon temps qui nous refte.*
    Il guérit de la Paraléfie ,
    De l'Hypocrifie ,
    Du mal de Dents ,
    De la Cornologie ,
    De la Poëfie ,
    Et de cent maux différens.

    A l'Art qu'il poffede ,
    Le plus grand mal cede ,
    Et cede fi bien ,
    Que qui prend fon remede ,
    Ne craint plus rien.

Allons , allons ; v'là l'Paffeux ; v'là l'Paffeux. Luron , farpejeu , nous aurons aujourd'hui de la pratique.

Air : *Que feroit-on dans la vie ?*
Chacun donne dans la Naffe.
Quel profit , lorfque l'on eft en paffe !

Sans que le Public s'en lasse,
Charlatans,
Vivez à ses dépens.
Quelle foule déjà s'amasse !
En v'là pour remplir trente Bateaux.

(*LURON fait entrer dans son Bateau plusieurs
personnes qui lui donnent de l'argent.*)

Donne, passe ; donne, passe ;
Le Docteur guérit de tous maux.
Donne, passe ; donne, passe ;
(*À part.*) Profitons de l'erreur des sots.

SCENE II.
ALCIDAC, LURON.
ALCIDAC.

Suite de l'air.

Fuyez, vile Populace ;
Qu'à l'instant on me cede la place.

LURON.

Quelle audace !

ALCIDAC.
Qu'on me passe,
Passe, passe ; abrégeons les propos.

LURON.

Doucement, doucement, Frere.

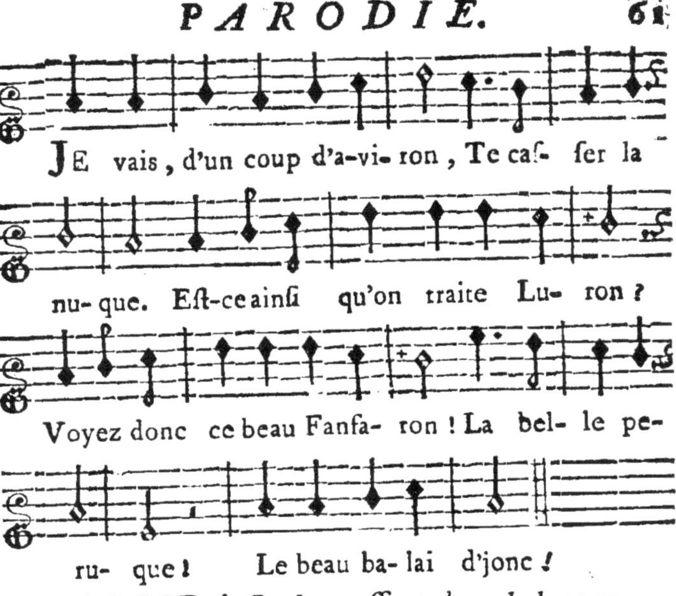

ALCIDAC, *le pouffant dans le bateau.*

Tu fais le raifonneur !

LURON.

Tout bellement , donc ; je n'fommes
pas fait à c'te magniere de politeffe-là.

Air : *Toque , mon Tambourin , toque.*
Le Diable t'enleve.

ALCIDAC.

Morbleu ! finiffons.

LURON.

Mais ma barque creve ,
Et nous enfonçons.

ALCIDAC.

Rame , dépêche , acheve , acheve ;
Paffons , paffons , paffons.

SCENE III.

Le Théâtre repréſente le Laboratoire de Glouton, éclairé par une lampe. On voit dans le fond pluſieurs Garçons qui pilent dans des Mortiers, tandis que d'autres ſont occupés à diſtiller. Modeſte eſt auprès d'un Fourneau enflâmé, & Glouton devant une table chargée de livres & de drogues.

GLOUTON, MODESTE.

GLOUTON.

Air : *Armide, eſt encor plus aimable.*

ENFIN, l'amitié conjugale
En ce jour ſe ſignale.
(*A Modeſte.*)
Soufflez, ſoufflez dans mes creuſets ;
Sans vous, tout mon eſpoir ſe perdoit pour jamais.
On a peine à trouver Epouſe jeune & belle,
Qui veuille à ſon Epoux immoler ſes appas ;
Une Femme à ce point fidelle,
Hélas ! eſt un modele
Qu'on ne ſuivra pas.

Avec le CHŒUR.

Enfin, l'amitié conjugale
En ce jour ſe ſignale.
Soufflez, &c.

MODESTE.

GLOUTON.

'Allons, pour égayer ce Phœnix matrimonial , je veux faire danſer toute mon
'Apothicairerie. *On danſe.*

SCENE IV.

MODESTE, GLOUTON.

GLOUTON.

C'EN eſt aſſez. Holà, l'Enfumé, où eſt la Liſte des malades qui ſont venus aujourd'hui pour me conſulter ? Donnez-la à Modeſte ; elle lira, pendant que j'é-crirai mes ordonnances. (*A Modeſte.*) Commencez.

MODESTE, *lit.*

Adelle de Ponthieu.

GLOUTON.

Adelle de Ponthieu ? Qu'eſt-ce qu'elle m'écrit ?

MODESTE, *lit.*

Air : *Sont les Garçons du Port au Bled.*

Seigneur, j'ai les pâles couleurs, *
Des pâmoiſons & des langueurs.

GLOUTON, *écrit.*

Pour vous fortifier, ma Chere,
Prenez des gouttes d'Angleterre.

---

* Adelle de Ponthieu, Tragédie très-intéreſſante; mais dont on a trouvé le coloris un peu foible.

MODESTE

MODESTE, *lit.*

La grande Iphigénie *, pour des con-
vulsions, des vertiges & des vapeurs.

GLOUTON.

On la disoit d'une santé si robuste.

MODESTE.

Elle marque qu'elle vouloit venir vous
consulter elle-même ; mais qu'en sortant
de son hôtel, l'impression du grand jour
l'a fait évanouir.

Air : *De nécessité.*

Seigneur, elle a de l'humeur peccante,
Quelques vers dont la marche serpente.

GLOUTON, *écrit.*

Princesse, prenez pour médecine
Une quintessence de Racine.

MODESTE, *lit.*

Air : *Du Cap de Bonne-Espérance.*
La petite Iphigénie, **
recours à vous, Seigneur.

---

* Iphigénie, Tragédie qui a mérité le plus grand succès. On ne
lui reproche qu'une versification un peu négligée ; défaut dont on
ne s'est point apperçu aux eprésentations ; grace à l'art inimitable
avec lequel la Demoiselle Clairon, & les Sieurs Le Kin & Bellecour
ont joué cette Piéce.

** Parodie de la Tragédie d'Iphigénie.

E

GLOUTON.

Qui cause sa maladie ?

MODESTE.

Trop d'acide , trop d'aigreur ;
Elle a de l'humeur caustique ,
Et de la bile critique.

GLOUTON, *écrit.*

Prenez quelque lénitif ,
Et sur-tout un air plus vif.

MODESTE., *lit.*

Jeannot, Jeannette.

GLOUTON.

Qu'est-ce qu'ils chantent ?

MODESTE, *lit.*

Air : *Sçavez-vous bien , Beauté cruelle.*

J'aurions besoin de vos recettes ,
Je déclinons tout doucement.

GLOUTON.

Mes chers enfans , c'est que vous êtes ,
D'un très-petit tempérament.

MODESTE.

Enseignez-nous ce qu'il faut faire ,
Pour à çal fin de nous ragaillardir.

GLOUTON, *écrit.*

Jeannot , Jeannette, allez, allez dormir ;
Le repos vous est nécessaire.

SCENE V.

L'ENFUMÉ, *& les Acteurs précédens.*

L'ENFUMÉ.

Monsieur le Docteur, i' y a là une grande Figure antique qui fait rire & pleurer tout à la fois.

GLOUTON.

Que me veut-elle ?

L'ENFUMÉ.

C'est un vieux Bon-homme qui a déjà vécu un siécle, il demande s'il n'y a pas moyen de prolonger encore sa vie.

GLOUTON.

Comment l'appelle-t-on ?

L'ENFUMÉ.

L'Opéra d'Alceste.

GLOUTON.

Qu'il aille se faire mettre en Musique.

SCENE VI.

UN COUREUR, *& les Acteurs précédens.*

GLOUTON.

Que me veut cet homme-là ? Bon ! le voilà par terre !

LE COUREUR.

Ah ! Monfieur le Docteur , ayez pitié d'un pauvre Coureur hors de condition. Vous qui connoiffez tant de monde , ne pourriez-vous pas me placer quelque part?

GLOUTON.

D'où fors-tu ?

LE COUREUR.

De chez le FauxGénéreux, * mais je n'ai refté qu'un jour dans cette condition-là.

GLOUTON.

** C'eft que tu es un mauvais fujet , va-t'en.

LE COUREUR.

Faites moi donc le plaifir de me prêter de l'argent fur ce gage.

GLOUTON.

Qu'eft-ce que c'eft ?

LE COUREUR.

C'eft une Mitaine *** que j'ai ramaffée fous le Théâtre de la Comédie Italienne.

GLOUTON.

Fi donc ! comme elle eft faite !

---

* Le Faux Généreux , Comédie en cinq Actes , jouée à la Comédie Françoife.

** Le Rôle du Coureur a été retranché à la Seconde Repréfentation.

*** La Mitaine , Comédie , repréfentée au Théâtre Italien.

LE COUREUR.

Oh! je puis vous assurer qu'elle n'a servi qu'une fois, elle est toute neuve.

GLOUTON.

Allons, allons, hors d'ici avec ta peste de Mitaine, qu'il n'en soit plus parlé.

SCENE VII.

GLOUTON, MODESTE.

MODESTE.

Monsieur le Docteur, voici encore une consultation.

GLOUTON.

Lisez.

MODESTE.

Air : *De Joconde.*

* Énée a recours à Glouton,
Voici sa maladie :
Il est glacé par le poison
De la mélancolie.

GLOUTON.

Qu'on le mette auprès d'un grand feu,
Sans cela l'humeur sombre
Pourra le réduire avant peu,
A n'être plus qu'une ombre.

---

* L'Opéra d'Enée & Lavinie.

SCENE VIII.

GLOUTON, LURON,

LURON.

ALERTE, alerte, alerte.

GLOUTON.

Qu'eſt-ce qu'il y a ? Qu'eſt-ce qu'il y a ?

LURON.

Ah ! ſarpejeu, not' Bourgeois, je vous amenons une bonne pratique, allez.

GLOUTON.

A-t-elle bien payé ?

LURON.

Je vous en réponds.

GLOUTON.

Donne, donne.

LURON, *lui donnant un coup de ſa rame sur les épaules.*

Très-volontiers.

GLOUTON.

Qu'eſt-ce que c'eſt que ça ?

LURON.

La monnoye dont il m'a payé. Je crois,

jarnigué, que j'ons paſſé le Diable. C'eſt un vivant qui vient mettre ici tout en bringue.

Air : *J'ai, ſans y penſer, laiſſé tomber, &c.*

Morbleu ! qu'il eſt vif !
Cet Eſcogrif,
A mine rogue,
Vient d'avoir l'honneur,
D'étriller votre ſerviteur.
Craignez-en autant.

GLOUTON.

Sur l'inſolent,
Lâchons mon Dogue.

LURON.

Vous, & vot' mâtin ;
Vous perdrez vot' Latin.

T'nez, t'nez, v'là qu'il aſſomme ce pauv' animal. Et d'un, d'expédié : c'eſt à préſent vot' tour ; pour moi, j'gagne le large.

(*Il ſe ſauve avec tous les Garçons du Laboratoire.*)

GLOUTON.

Luron, Luron.

SCENE IX.

GLOUTON, ALCIDAC.

GLOUTON.

AH ! le Bourreau ! il me laiſſe ſeul.
N'importe; faiſons bonne contenance.
(*En tremblant.*) Que demandez-vous ?

ALCIDAC.

Air des Troqueurs : *On ne peut trop-tôt.*

Il faut, ventrebleu,
Me rendre Modeſte,
Pour peu, malepeſte,
Qu'on me la conteſte,
On verra beau jeu ;
Je mets tout en feu.
Je jette, je caſſe,
Creuſets & fourneaux ;
Et je te fracaſſe
La tête & les os ;
Et je te fracaſſe......
Qu'on me ſatisfaſſe,
Tôt, tôt, tôt, tôt,
Il me la faut.

Qu'on me ſatisfaſſe,
Dépêche, maraut,

Ou je te fracasse,
Ou je te fracasse,
Ou je te fracasse....
Qu'on me satisfasse,
Tôt, tôt, tôt, tôt;
Il me la faut.

GLOUTON, *tremblant.*

Un moment; expliquons-nous?

ALCIDAC.

Comment! Morbleu, tu trembles?

GLOUTON, *tremblant plus fort.*

Oh! point du tout.

ALCIDAC.

Air: *La Fille de Village.*

Ne crains rien de funeste,
Je ne suis pas mauvais;
Qu'on me rende Modeste,
Et je te laisse en paix.
Si l'excès de ma rage
A troublé ce séjour,
Pardonne à mon courage,
Et fais grace à l'Amour.

GLOUTON.

Voilà une raison à laquelle on doit
céder.

ALCIDAC.

Air : *Oh ! reguingué.*

(En levant sa canne.)

Je vous en prie , allons.

GLOUTON.

Eh ! bien ,
Monsieur , vous m'en priez trop bien ,
Pour que je vous refuse rien ;
Que de ces lieux , Modeste sorte ;
Et que le Diable vous emporte.

(Il sort.)

ALCIDAC, *à Modeste.*

Allons , suivez - moi , je m'empare de vous.

MODESTE.

Hélas ! on fait bien voir du pays à la pauvre Modeste.

SCENE X.

Le Théâtre repréfente un lieu décoré pour une Fête.

MAZETTE, CHŒUR.

MAZETTE, *avec le Chœur.*

Air : *Ah ! le bel Oifeau , Maman.*

ALCIDAC a vaincu Glouton ;
Il revient avec Modefte ,
Alcidac a vaincu Glouton ;
Tout céde à ce fier Dragon.

MAZETTE.

Il a pris la balle au bond ;
O jour heureux & funefte !
C'eft à moi de trouver bon ,
Que ma Femme avec lui refte.

Avec le CHŒUR.

Alcidac a vaincu Glouton ,
Tout céde à ce fier Dragon.

SCENE XI.

ALCIDAC, MODESTE, MAZETTE.

ALCIDAC.

Air : *Sabotiers Italiens.*

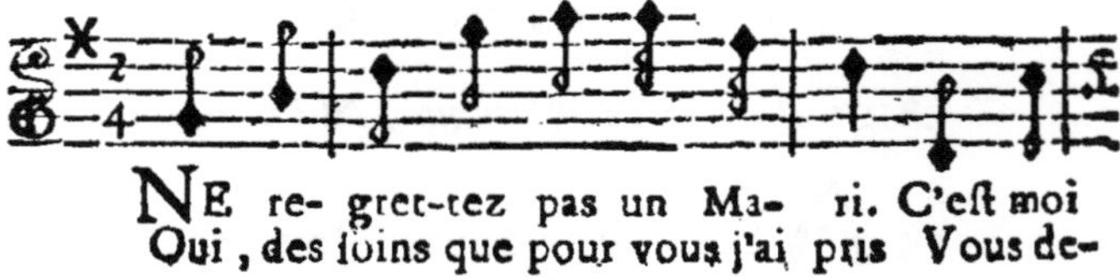

MODESTE.

Je ne fais point de cré- dit. ALCID. Vous de-
Sans re- pren-dre mon a- mour. MOD. Ma-zet

vez vivre sous mes loix; Votre E-
te m'a fait cet af- front! ALC. Il fait

poux m'a cé-dé ses droits. MAZETTE. Oui,
com- me bien d'autres font. MODESTE. Mais

je vous ai quit- tée; Mais c'est par senti-
m'a-t'on con- sul- tée, Sur cet ar- range-

ment. MAZET. Que ne fait- on point pour sauver
ment? MODES. Si nous avions eu six mois de

ce qu'on ai-me? Mon amour ex- trême M'a mis
ma-ri- a- ge, Un pareil outrage Ne sur-

ALCIDAC.

Selon nos conventions , votre Mariage
est nul , & votre cœur doit être à moi.

Air : *Allons donc , Mademoiselle*

Allons donc , ma belle Dame,
Je demande mon payement.

MODESTE.

Mais , Monsieur , je suis sa Femme ,
Faut-il payer doublement ?

ALCIDAC.

Eh ! allons donc, ma belle Dame,
Je demande mon payement.

Air : *Où s'en vont ces gais Bergers ?*

Je vous épouse en ce jour ,
Et mieux que ce beau Sire ,
Des douceurs d'un tendre Amour ,
Je sçaurai vous instruire ;
Mais à quoi pensez vous donc ,
En baissant la paupiere ?

MODESTE.

Qu'en amour il n'est point de leçon ,
Qui vaille la premiere.

MAZETTE.

Allez, consolez-vous, ma Petite ; je n'ai sacrifié les droits de l'Hymen que pour faire valoir ceux de l'Amour.

ALCIDAC.

Oui-dà ! il faut avouer que je suis un grand sot de l'avoir ramenée ici ; mais il y a du remede ; elle va partir tout à l'heure avec moi : faites vos adieux.

MAZETTE.

Air : *Adieu donc, Dame Françoise.*

Adieu donc, ma chere Femme,
Pour qui j'ai tant soupiré.
Je m'en vais désespéré.
MODESTE.
Sa douleur me perce l'ame.
MAZETTE.
Je m'en vais désespéré,   *(bis.)*
Adieu donc, ma chere Femme,
Pour qui j'ai tant soupiré.
ALCIDAC.

Ecoute, Mazette.

Air : *Lustucru.*

Va, je te rends ta promesse,
J'ai pitié de tes amours :
Passe avec elle tes jours,
Je te la laisse,
Malgré que j'en sois féru.
L'eusses-tu cru ?

MAZETTE.   ALCIDAC.
QUoi ! tout de bon ! Oui , tout de bon. Je
penſe en homme ſage. L'emploi d'ami   de
la maiſon Me flatte d'avan- tage. Livrez-
vous à   vos a- mours , Comptez tous deux ſur
TOUS.
mon ſe-cours Toujours. Oh ! oh ! oh ! ah ! ah ! ah !
MODESTE.
ah ! Ah! le bon a- mi que voi- là !
Ah! les bonnes gens que voi- là !

Hé-

las !

las ! Mo-deste par deux fois L'a bien é-chappé
belle ! Mon cher, je rentre sous tes loix, Toujours chaste & fi- delle. N'ai- je pas eu bien
MAZETTE.
du bonheur ? Ce-la me fait un grand honneur. Modeste touche- là : Je n'e-xa- mine point ce-

TOUS.
la, la, la. Oh ! oh ! oh ! ah ! ah ! ah ! ah !

F

MODESTE.
La ra- re femme que j'ai là ! De mains en
Ah ! le bon é-poux que voi- là ! Les revers
mains, mon cher époux, Je paſſe dans les
d'un Deſ- tin, ja-loux M'en font craindre en-
vô- tres. Si notre a- mi reſ- toit i- ci, Je
cor d'autres.
MAZETTE.
n'aurois pas tant de ſouci. S'il ne tient qu'à ce-
la, Je ſuis bien ſûr qu'il reſte- ra, li, la.
TOUS.
MODESTE.
Oh ! oh ! oh ! Ah ! ah ! ah ! ah ! &c. Si

ALCIDAC.

MOD.

ALCIDAC.

TOUS.

MAZETTE.

F ij

ALCIDAC.

FIN.

Le Privilége général de toutes les Œuvres de M. Favart a été accordé le 27 Avril 1759, & a été enregiſtré le 16 Mai ſuivant à la Chambre Royale & Syndicale des Librai- res & Imprimeurs de Paris, N°. 521. fol. 356.

Catalogue de Musiques nouvelles relatives aux Pieces de Théâtres & autres.

L'Amusement des Dames, ou Recueil de Menuets, Contre-Danses, Vaudevilles, Rondes de Table, 10 Parties, — 12 l.

La Toilette de Vénus dressée par l'Amour, contenant des Menuets, Contre-Danses, Vaudevilles, 10 Parties, — 12 l.

Le Passe-tems agréable & divertissant, Vaudevilles, Rondes de Table, Duo, Brunettes & autres. 10 Parties, — 12 l.

Les Desserts des petits Soupers de Madame de … 10 Parties, — 12 l.

L'Année Musicale, contenant un Recueil de jolis Airs, Parodies, en 10 Parties, formant 2 vol. in-8°. — 24 l.

Les mille & une Bagatelles en 28 Parties, — 33 l. 12 f.

Les Thémiréïdes, ou Recueil d'Airs à Thémire, 3 Parties, par M. l'Abbé de l'Attaignant, — 3 l 12 f.

Amusemens champêtres, ou les Aventures de Cythere, Chansons nouvelles à danser, 2 Parties, — 2 l. 8 f.

Recueils d'Airs & Menuets, Contre-Danses, Parodies chantés sur les Théâtres de l'Académie Royale de Musique, & de l'Opera-Com. 17 Parties, chaque Partie se vend séparément, — 1 l. 4 f.

Recueil de Menuets, Contre-Danses & Vaudevilles chantés aux Comédies Françoise & Italienne, 13 parties. — 15 l. 12 f.

Le Troc, Parodie des Troqueurs, avec toute la Musique, — 3 l. 12 f.

Airs choisis des Troqueurs, — 1 l. 4 f.

Ariettes du Médecin d'Amour, — 2 l. 8 f.

Ariettes de l'Heureux Déguisement, — 2 l. 8 f.

La Musique de la Pipée, — 1 l. 10 f.

Ariettes de Blaise le Savetier, — 1 l. 4 f.

Ariettes de l'Yvrogne corrigé, — 1 l. 4 f.

Le Recueil de Chansons de Vadé, noté. — 1 l. 4 f.

Le Dessert des petits Soupers agréables, ou le Postillon sans chagrin, — 1 l. 4 f.

Ariettes de la Bohemienne de la Comédie Italienne, 2 parties. — 3 l. 12 f.

Airs choisis de la Bohemienne de l'Opera Comique, — 1 l. 4 f.

Ariettes du Chinois, — 2 l. 8 f.

La Musique de la Fille mal gardée, — 1 l. 16 f.

Vaudevilles & Ariettes des Indes dansantes, — 1 l. 4 f.

Vaudevilles & Ariettes de Raton & Rosette, — 1 l. 10 f.

Vaudevilles d'Omphale, & de Bastien & Bastienne, — 1 l. 4 f.

Ariettes de Ninette à la Cour, 4 parties. — 6 l. 8 f.

Musique de la Soirée des Boulevards, — 1 l. 4 f.

Vaudevilles & Ariettes du Ballet des Savoyards, — 1 l. 4 f.

La Folie du jour, ou les Portraits à la Mode, Vaudeville & Contre-Danse, — 12 f.

Musique des Airs d'Acajou, — 2 l. 8 f.

Musique des Nymphes de Diane, — 2 l. 8 f.

Musique de Cythere assiegé, — 1 l. 16 f.

Menuets nouveaux en Concerto, Contre-Danses, 4 parties. — 4 l. 16 f.

Les Loix de l'Amour, ou Recueil de différents Airs, 3 parties. — 3 l. 12 f.

Amusemens en Duo pour les Vielles, Musettes, Haut-bois, Violons, Flutes, en 6 parties, — 7 l. 4 f.

Cantatille nouvelle des Talens à la mode, de M. de Boissi. — 1 l. 4 f.

Choix de différents morceaux de Musique, 2 parties. — 2 l. 8 f.

L'Yvrogne corrigé en partition, in fol. — 9 liv.

Le volume se vend 12 livres, & le cahier 24 sols ; le tout, séparement.

Catalogue des Piéces des Comédies Françoise & Ita-lienne, & Opera Comique qui se vendent détachés.

Du Théâtre François.

DE M. DE VOLTAIRE.

Alzire, Tragédie.
Zaïre, Tragédie.
Mahomet, Tragédie.
La Mort de Céſar, Tragédie.
Hérode & Mariamne, Tragédie.
Rome ſauvée, Tragédie.
Sémiramis, Tragédie.

Du Théâtre François in 12. de M.
de MARIVAUX.

Le Pere prudent & équitable.
Annibal, Tragédie.
Le Dénouement imprévû.
L'Iſle de la Raiſon.
La ſurpriſe de l'Amour, des François.
La Réunion des Amours.
Les Sermens indiſcrets.
Le Petit-Maître corrigé.
Le Legs, Comédie.
Le Préjugé vaincu.
La Diſpute.

Théâtre Italien du même Auteur.

Le Triomphe de Plutus.
Le Triomphe de l'Amour.
L'Ecole des Meres.
L'Heureux ſtratagême.
La Mépriſe.
La Mere confidente.
Les fauſſes Confidences.
La Joye imprévue.
Les Sinceres.
L'Epreuve.

Du Théâtre François in 8°. de M.
de BOISSY.

L'Amant de ſa femme.
L'Impatient.
Le Babillard.
Admete & Alceſte, Tragédie.
Le François à Londres.
L'Impertinent malgré lui.
Le Badinage.
Les deux Nieces.
Le pouvoir de la Sympathie.
Les Dehors trompeurs.
L'embarras du Choix.
L'Epoux par ſupercherie.
La Fête d'Auteuil.
Le Sage étourdi.
Le Medecin par occaſion.
La Folie du jour.

Théâtre Italien du même Auteur.

Le Triomphe de l'Intérêt.
Le Je ne-fais-quoi.
La Critique.
La Vie eſt un ſonge.
Les Etrennes, ou la Bagatelle.
La ſurpriſe de la Haine.
L'Apologie du Siecle.
Les billets doux.
Les Amours anonymes.
Le Comte de Nully.
La quatre Etoiles.
Le Rival favorable.
Les Talens à la mode.
Cantatille des Talens à la Mode.
Le Mari Garçon.
Pamela en France.
Le Plagiaire, avec la Muſique.
Le Retour de la Paix, Comédie.
Le Prix du Silence, Comédie.
La Frivolité, avec la Muſique.

Théâtre François in-12. de M.
PIRON.

L'Ecole des Peres, Comédie.
Calliſthène, Tragédie.
Les Courſes de Tempé, Paſtorale.
Guſtave, Tragédie.
La Métromanie, Comédie.
Fernand Cortès, Tragédie.

De M. de SAINTFOIX.

Le Philoſophe dupe de l'Amour, C.
Les parfaits Amans, Comédie.
Alceſte, Divertiſſement.
Les Hommes, Comédie-Ballet.
Les Veuves, Comédie.
La Colonie, Comédie.

De M. de V***.

Les Mariages aſſortis, Comédie.
La Coquette fixée, Comédie.
Le Réveil de Thalie, Comédie.
L'Ecole du Monde, Comédie.
Le Retour de l'Ombre de Moliere, C.
La Fauſſe Prévention, Comédie.

De M. DUCHE'.

Abſolon, Tragédie ſainte.
Débora, Tragédie ſainte.
Jonathas, Tragédie ſainte.

De M. FAGAN

L'Amitié Rivale.
La Pupille.
Le Rendez-vous.
La Grondeuſe.
L'Ile des Talens.

De M. **PESSELIER**, *in-8°.*
La Mascarade du Parnasse.
L'Ecole du tems.
Ésope au Parnasse.
Etrennes d'une jeune Muse.
Le Songe de Cydalise.
De M. **GUYOT DE MERVILLE** *in 8°.*
Les Impromptus de l'Amour.
Les Mascarades Amoureuses.
Le Dédit inutile.
Les Dieux travestis
De M. **AVISSE**, *in 8°.*
La Gouvernante.
Le Valet embarrassé.
De M. **DE LA GRANGE**, *in-8°.*
Le Déguisement.
Les Contre-Tems.
L'Italien marié à Paris, Comédie.
L'Accommodement imprévû.
Le Rajeunissement inutile.
De MM. **ROMAGNESI & RICCOBONI.**
Les Ennuis du Carnaval, Comédie.
Les Fées, Comédie.
La Fille Arbitre, Comédie.
Parodie du même.
Achille & Déidamie, Parodie.
Les Sauvages, Parodie.
Les Gaulois, Parodie.
Pièces détachées du Théâtre François, in-8°.
LE Magnifique, Comédie.
Antoine & Cléopâtre, Tragédie.
La double Extravagance.
Alexandre, Tragédie.
Adam & Eve, Tragédie.
Benjamin, ou la reconnoissance de Joseph, Tragédie.
Amalaric, Tragédie.
Bajazet V. Empereur des Turcs, Trag.
1759.
L'Isle déserte, Comédie.
Du Théâtre François, in-12.
Les Souhaits, Comédie.
Vanda, Reine de Pologne, Tragédie.
Le Plaisir, Comédie avec la Musique.
Le Sot toujours Sot, Comédie
Caliste, ou la belle Pénitente, Trag.
Cénie, pièce Dramatique.
La Fille d'Aristide, 1759.
Le Valet Maître, Comédie.
Varon, Tragédie.
La Métempsicose, Comédie.
Les Engagemens indiscrets.
Les Adieux du Goût, Comédie.
Les Tuteurs, Comédie
La Folie & l'Amour, Comédie.
Mérope, Tragédie.

L'Avocat Patelin, Comédie.
L'Opiniâtre, Comédie.
Les Vapeurs, Comédie.
La Gageure de Village, Comédie.
La Coquette corrigée, Comédie.
Iphigénie en Tauride, Tragédie.
1759.
Astarbé, Tragédie.
La Méchanceté, Parodie d'Astarbé.
Hypermnestre, Tragédie.
Zulica, Tragédie.
Du Théâtre Italien, in-12.
La Partie de Campagne, Comédie.
L'Amant Auteur & Valet.
La Gageure, Comédie.
Les Petits Maîtres, Comédie.
Le Provincial à Paris, Comédie.
La Feinte supposée, Comédie.
La Fausse inconstance, Comédie.
Le Retour du Goût, Comédie.
Les Lacédemoniennes, Comédie.
Le Prix de la Beauté.
La Campagne, Comédie.
L'Epouse suivante, Comédie.
Les Fêtes Parisiennes, Comédie.
1759.
La Parodie d'Hypermnestre.
Comédies du Théâtre Italien, in-8°.
L'Ecole de la Raison.
Le Miroir, Comédie.
Le Bacha de Smirne, Comédie.
L'Année Merveilleuse, Comédie.
La mort de Bucephale.
Les Femmes, Comédie-Ballet.
Le Deuil Anglois, Comédie.
Parodies du Théâtre Italien, in-8°.
Cybele Amoureuse, Parodie.
Brioché, Parodie.
Les Jumeaux, Parodie.
L'Amant déguisé, Parodie.
Le Prix des Talens, Parodie.
La Pipée, avec les Ariettes.
Musique de la Pipée.
La petite Maison, Parodie.
1759.
La Sybille, Parodie.
Le Carnaval d'Eté, Parodie.
Catalogue de toutes les Pièces de M. FAVART, *avec la Musique.*
Du Théâtre Italien.
Hippolite & Aricie.
Les Amans inquiets.
Les Indes dansantes.
Musique des Indes dansantes.
Les Amours champêtres.
Fanfale, Parodie.
Raton & Rosette.
Musique de Raton & Rosette.
Tircis & Doristhée.

Bajocco , Parodie.
Les Amours de Baftien & Baftienne.
Zéphyre & Fleurette.
La Fête d'Amour, Comédie.
La Bohemienne , Comédie.
La Mufique de la Bohem. 2 Parties.
Les Chinois.
La Mufique des Chinois.
Ninette à la Cour.
La Mufique de Ninette , 4 parties.
Les Enforcelés, ou Jeannot & Jeann.
La Nôce interrompue.
La Fille mal gardée , Parodie.
Mufique de la Fille mal gardée.
La foirée des Boulevards.
La Mufique de la foirée.
Petrine , Parodie de Proferpine.
 Operas Comiques & Parodies:
Moulinet premier.
 La Chercheufe d'Efprit.
Le prix de Cythere.
Le Coq du Village.
Acajou , Opera Comique.
Mufique d'Acajou.
Amours Grivois.
Le Bal de Strasbourg.

La Servante juftifiée , Opera Com.
Dom Guichotte , Opera.
La Coquette trompée , Opera C.
La Coquette fans le fçavoir , Op. C.
Les Ratteliers de S. Cloud, Op. Com.
L'Amour au Village , Opera Com.
Théfée , Parodie.
Cythere affiégé , Opera Comique.
Mufique de Cythere affiegé.
Les jeunes Mariés , Opera Comique.
Les Nymphes de Diane , Op. Com.
Mufique des Nymphes de Diane.
L'Amour impromptu , Parodie.
Le Mariage par efcalade , Op. Com.
La Répétition interrompue , Op. C.
Le Retour de l'Opera Comique.
Depart de l'Opera-Comique.
Le Bal Bourgeois , Opera Comique.
La Reffource des Théâtres,
 De M. VADE'.
La Fileufe , Parodie.
Le Poirier , Opera Comique.
Le Bouquet du Roi.
Le Suffifant.
Les Troqueurs & le Rien , Parodie.
Airs choifis des Troqueurs.
Le Trompeur trompé.
Il étoit tems, Parodie.
La nouvelle Baftienne , avec la Fon-
 taine de Jouvence.
Les Troyennes de Champagne.
Jerôme & Fanchonnette , Paftorale.
Le Confident heureux.
Follette ou l'Enfant gâté.
Nicaife , Opera Comique.
Les Racoleurs , Opera Comique.
L'Impromptu du cœur.

Le mauvais plaifant , Opera Com.
La Canadienne , Comédie.
La Pipe caffée , Poëme.
Les Bouquets Poiffards.
Les Lettres de la Grenouillere.
Oeuvres pofthumes , faifant le Tome
 quatrième , contenant les Amans
 conftans jufqu'au trépas , des Fa-
 bles & Contes.
Le Recueil de Chanfons avec la Mu-
 fique.
La Veuve indécife , Parodie.
La Folle raifonnable , Opera Com.
Le Serment inutile , Comédie.
La Dupe de fa rufe , Comédie.
Le faux Ami , Comédie.
 De M. ANSEAUME.
Le Monde renverfé.
Bertholde à la Ville, avec les Ariettes.
Le Chinois poli en France.
Les Amans trompés , Opera Com.
La fauffe Aventuriere.
Le Peintre amoureux de fon Modele.
Le Docteur Sangrado , Opera Com.
Le Medecin d'Amour.
Les Ariettes du Medecin d'Amour.
Cendrillon , Opera Comique.
L'Ivrogne corrigé, Opera Comique.
Ariettes de l'Ivrogne corrigé.
Le Maître d'Ecole , Opera Comique.

Suite des Opera Comiques de differens
  Auteurs.
Le Troc, Parodie des Troqueurs avec
 la Mufique, 3 liv. 12 fols.
Le Retour favorable.
La Rofe ou les Fêtes de l'Hymen.
Le Miroir Magique.
Le Roffignol , avec la Mufique.
Le Deffert des Petits Soupers.
Le Calendrier des Vieillards.
La Coupe enchantée.
Les Filles , Opera Comique.
Le Plaifir & l'Innocence.
Les Boulevards.
L'Ecole des Tuteurs.
Zephire & Flore.
La Péruvienne.
Les Fra-Maçonnes.
L'Impromptu des Harangeres.
La Bohemienne , avec la Mufique.
Le Diable à quatre, avec les Ariettes.
Les Amours Grenadiers.
La Guirlande.
Le Quartier Général , Opera Com.
Le Faux Dervis , Opera Comique.
Le Nouvellifte , Opera Comique.
Gilles , Garçon Peintre.
Le Magazin des Modernes.
L'heureux Déguifement.
Les Ariettes de l'heureux Déguifem.
La Parodie au Parnaffe.
Blaife le Savetier , Opera Comique.
La Mufique du même.